AF498150

GUILLAUME LIVET & GUSTAVE VAUTREY

LE MARIAGE

DE

RACINE

COMÉDIE EN UN ACTE, EN VERS

PRIX : **1** FR. **50**

PARIS
PAUL OLLENDORFF, ÉDITEUR
28 *bis*, RUE DE RICHELIEU, 28 *bis*

1882
Droits de reproduction, de traduction et de représentation réservés.

LE
MARIAGE DE RACINE

COMÉDIE EN UN ACTE, EN VERS

Représentée pour la première fois, à Paris, sur le théâtre national de l'Odéon,
le 21 décembre 1882.

PERSONNAGES

RACINE. . . . . MM. Brémont.
BOILEAU-DESPRÉAUX . . . .   Rebel.
PIERRE. . . . .   Kéraval.
CATHERINE DE ROMANET . . . . Mmes Hadamard.
MARTHE. . . . .   Marie Pinson.

Postillons, Servantes, Voyageurs, Domestiques, etc.

Avril 1677.
La scène se passe à Creil.

LE

MARIAGE DE RACINE

Le théâtre représente la cour d'une hôtellerie. — A droite, premier plan, un banc et de la verdure; au deuxième plan, de biais, l'hôtellerie surélevée de quelques marches, avec sa porte surmontée d'une branche de pin et son enseigne : A LA POMME DE PIN, TAILLEFEU, MAITRE DE POSTE. — Au fond, troisième plan, mur de clôture, et grande porte donnant sur la route ; au fond, la campagne qu'on aperçoit par-dessus le mur. — A gauche, premier plan, une tonnelle, bancs, tables, etc. — Au deuxième plan, des arbres et l'entrée du jardin.

Au lever du rideau, on entend le bruit d'une diligence qui s'arrête presque devant la porte du fond. — Pierre descend de l'hôtellerie, suivi des valets et des servantes ; mademoiselle de Romanet et Marthe descendent également ; pendant toute la première scène, voyageurs et voyageuses arrivent, entrent dans l'auberge, pendant que les valets et les postillons apportent les malles et les paquets. — Racine et Despréaux entrent les derniers dans la cour et se dirigent vers la gauche.

SCÈNE PREMIÈRE

PIERRE, CATHERINE DE ROMANET, MARTHE,
UNE SERVANTE, VOYAGEURS, VOYAGEUSES, VALETS,
SERVANTES, puis RACINE et DESPRÉAUX.

PIERRE, allant au fond.

Allons; dépêchons-nous... voici la diligence !
Il regarde à la porte du fond.
Avec des voyageurs dedans !... dessus !... fatale engeance !
Il redescend.
Il faut se déranger pour eux deux fois par jour.
Je n'ai pas de repos !... C'est un triste séjour,
Pour un fils d'Apollon, que cette hôtellerie ;
Mon âme aurait besoin d'un peu de rêverie...
Il remonte.
Mais je ne trouve pas le temps de composer
Un sonnet... ou de prendre à Toinon un baiser.
Il embrasse la servante qui lui met un paquet sur les bras.
Oh le réel ! Je suis, et j'en porte les preuves,
Un poète soumis à de tristes épreuves.

LA SERVANTE, lui remettant un autre paquet.

Prenez encor ceci... vous rêverez demain.

PIERRE.

Le réel est très lourd aujourd'hui ! Cette main,
Main blanche et fine, main d'artiste, est condamnée
A porter les paquets d'un rustre. O destinée !
Mon orgueil se révolte et mes doigts sont meurtris...
Il va décharger son fardeau dans l'auberge et revient.

SCÈNE DEUXIÈME

CATHERINE, à Pierre.

Cette voiture-ci se rend-elle à Paris?

PIERRE.

Non, madame, elle en vient; mais dans une heure celle
Qui vous y mène, part.

Despréaux et Racine entrent; ils fixent un instant mademoiselle
de Romanet.

MARTHE.

Rentrons, mademoiselle,
Je vois qu'on nous observe et qu'on parle de nous.

Elles rentrent dans l'hôtellerie; en passant, Pierre envoie un baiser à Marthe, qui lui lance un regard sévère.

PIERRE, descendant.

La suivante vaut bien la maîtresse. A genoux
Je voudrais l'adorer comme une muse accorte;
Je lui ferai des vers avant qu'elle ne sorte.

Mademoiselle de Romanet et Marthe rentrent. — Racine et Despréaux les suivent de l'œil.

SCÈNE II

LES MÊMES, moins CATHERINE, MARTHE,

LES VOYAGEURS et LES VALETS.

PIERRE, qui est allé chercher les derniers paquets, se trouve devant
Despréaux et Racine; il laisse tomber son fardeau.

O ciel! Monsieur Racine avec monsieur Boileau!

RACINE.

Traître! taisez-vous donc!

DESPRÉAUX.

Eh! parle un peu moins haut!

PIERRE.

Quoi?

DESPRÉAUX.

Nous voulons que nul ici ne nous connaisse.
Mais toi comment sais-tu nos noms?

PIERRE, avec emphase.

Quelle tristesse
Pour moi, si je n'avais dans mes yeux emporté
Ces traits où le rayon divin s'est arrêté!
Car je suis de Paris, aussi; n'allez pas croire
Que je sois simplement valet : j'ai soif de gloire!
Au quartier Saint-Denis, je rimais des couplets;
Je faisais à quinze ans des poèmes complets.

A Despréaux, lui donnant des papiers.

J'en ai là quelques-uns...

A Racine.

Tenez, en voici d'autres;
Sous ce vulgaire habit, messieurs, je suis des vôtres!

A Despréaux et Racine qui veulent lui rendre ses vers.

Gardez! vous voudrez bien me donner votre avis,
J'ai tout lieu de penser que vous serez ravis.
Je vous quitte... Toinon fait signe que je monte
Ces malles, ces ballots.

A part.

Devant eux! Quelle honte!

DESPRÉAUX, montrant la table à gauche.

Apporte-nous à boire ici... sous ce bosquet.

PIERRE, ramassant le fardeau qu'il a laissé tomber. — Il remonte.

A l'instant... je reviens...

Il rentre à l'auberge, en criant.

Toinon, prends ce paquet.

SCÈNE III

RACINE, DESPRÉAUX.

DESPRÉAUX.

Enfin, sur votre lèvre apparaît un sourire.

RACINE.

J'écoutais ce garçon qui se mêle d'écrire.
Ah! mon cher Despréaux, je suis découragé!
Si, par votre amitié je n'étais protégé,
Je ne répondrais pas maintenant de moi-même.

DESPRÉAUX.

Mais, ne l'oubliez pas, le grand Condé vous aime
Et bien d'autres, qu'ici je n'ai pas à nommer.

RACINE.

Après un tel affront, rien ne peut ranimer
L'ardeur que j'ai montrée autrefois pour la Muse.
De tout ce que j'ai fait, il faut que je m'excuse!
Eh quoi! n'ai-je pas lieu de me sentir lassé?
Je tente d'évoquer les héros du passé,
Je rêve pour un jour la gloire sans pareille
De traduire Euripide et d'égaler Corneille;
On monte une cabale, et, sous d'injustes cris,
Ma *Phèdre* tombe! Ah! j'ai maintenant le mépris
De ce public qui prend le meilleur de notre âme
Et qui marche dessus sans pitié. C'est infâme!

DESPRÉAUX.

Sans doute, il est cruel de voir des envieux
S'acharner sur l'enfant que l'on aime le mieux,

Mais qu'importe! L'enfant vivra, s'il est robuste.
Que vous font vos rivaux? Le temps sera plus juste.
Des choses du présent devez-vous prendre soin?
Ami, faites votre œuvre et regardez plus loin!
Ecrivez pour nos fils, plutôt que pour nous-mêmes,
Car eux seuls, ils rendront des jugements suprêmes,
Et sur les fronts, tirés des ombres du trépas,
Ils mettront les lauriers qui ne se fanent pas!
Je n'ose croire, enfin, que la foule s'obstine
A ne pas écouter la *Phèdre* de Racine
Si, malgré les sifflets, on entend quelques vers,
Racine aura vaincu Pradon avec Nevers!
Sachez que tôt ou tard un chef-d'œuvre s'impose :
Le calvaire aujourd'hui; demain l'apothéose!

RACINE.

La gloire, Despréaux, est trop chère à ce prix.
Ils sont tous contre moi, jusqu'à ces grands esprits:
Corneille avec Quinault, Sévigné, Deshoulières!
Mon cœur saigne; ce sont des douleurs journalières;
Le public, maintenant, ne connait plus ma voix;
L'amertume est au fond des choses, je le vois.
Je quitte la partie et je renonce au monde.

DESPRÉAUX.

Ne parlez pas ainsi; la douleur est féconde;
Car les sanglots que vous ne pouvez contenir
Se changeront en vers puissants; et l'avenir
Absoudra les auteurs de toutes vos alarmes,
Sachant que vos héros pleuraient avec vos larmes!

RACINE.

L'avenir! un mirage! Ecoutez, Despréaux,
Depuis longtemps déjà je cherche le repos :
Qui me le donnera, sinon Dieu? Je réclame,
Ayant lutté, le droit de songer à mon âme.
La gloire! On l'a, pour moi, mise à trop de hauteur!

Je veux aller vers Dieu, le grand consolateur!
Oui, j'entrerai dans un couvent.

DESPRÉAUX.

Le mariage
Mieux qu'un couvent serait votre affaire.

RACINE.

A mon âge
Vous voudriez?...

DESPRÉAUX.

Votre âge est le bon; croyez-moi,
Quoi qu'on dise, l'amour est la plus douce loi
Que Dieu, dont vous parlez, dans nos cœurs ait gravée.

RACINE.

Ce n'est point par l'amour que notre âme est sauvée,
Mais bien par la prière et le recueillement.
Le cloître dans les cœurs verse l'apaisement.
Toutes les passions s'éteignent dans cette ombre
Et le chrétien se lève alors que l'homme sombre.
Mon parti, cette fois, est bien pris.

DESPRÉAUX.

Cependant...

RACINE.

Ami, ne tentez point par un zèle imprudent
De combattre un dessein que Dieu lui-même inspire!

DESPRÉAUX.

Eh! puis-je sur moi-même avoir assez d'empire,
Pour ne pas déplorer...?

RACINE.

Il le faut: pour Amiens,
Comme je vous l'ai dit, je pars.

SCÈNE IV

Les Mêmes, PIERRE.

PIERRE.

                    Je me souviens
A l'instant, que je dois vous apporter à boire ;
Les vers m'ont bel et bien fait perdre la mémoire ;
Une fille charmante a passé près de moi ;
J'ai rimé des couplets pour lui donner ma foi ;
Excusez-moi ! Tous deux, vous savez que la Muse
Est despote ! Voici du vin de Syracuse,
Et du meilleur.

                         Ils boivent silencieusement.

DESPRÉAUX.

    Allons, c'est à votre santé
Que je bois... j'ai l'espoir...

RACINE.

                    Le sort en est jeté !
        Il se lève et va s'asseoir sur le banc à droite.

DESPRÉAUX.

Il ne m'écoute plus !

PIERRE.

                    Avez-vous pris la peine
De lire mes vers... fruits d'une fertile veine ?

DESPRÉAUX.

Ah ! nous y pensions bien ! Laisse-nous en repos.

PIERRE.

Je reviendrai, messieurs, quand vous serez dispos.
        *Pierre s'en va. — Racine s'est assis. — Il tient la tête dans ses
    mains.*

SCÈNE V

RACINE, DESPRÉAUX.

DESPRÉAUX, s'approchant de Racine.

Vous fuyez les conseils d'une amitié sincère ;
Je vous laisse partir, bien que mon cœur se serre.
Adieu donc, puisqu'il faut ici nous séparer ;
A regagner Paris, je vais me préparer.

Il se dirige vers l'hôtellerie et s'arrêtant. — A part.

Il songe ! Dieu seul peut l'éclairer. Je le prie
D'envoyer l'espérance à son âme meurtrie
Et de lui rappeler dans cette affliction
Que parmi nous, poète, il a sa mission.

SCÈNE VI

RACINE, seul, rêvant.

Pourtant, si j'avais pu, m'acharnant à la tâche,
Produire une œuvre après une œuvre, sans relâche !
Si j'avais élevé des monuments certains !
Si, pour prendre leur vol vers les siècles lointains,
Mes vers ne demandaient qu'une brise propice !
Non, mes enfants sont nés sous un fatal auspice,
Dans leur patrie, ayant subi plus d'un affront.
Comme des étrangers maudits, ils passeront.
Je vois, dans l'avenir qui déjà se dessine,
Le noir oubli tomber sur ce qui fut Racine !

1.

SCÈNE VII

RACINE, à droite, PIERRE, MARTHE

sortent de l'hôtellerie, et passent au fond.

MARTHE, à Pierre.

Laissez-moi, s'il vous plaît!

PIERRE.

Eh! pourquoi vous laisser?

MARTHE.

J'ai des achats à faire en ville et veux passer.

PIERRE.

Je vous suis; j'agirai de façon peu civile
Si je ne vous faisais les honneurs de la ville,
Car vous pourriez vous perdre et...

MARTHE.

Vous aimeriez mieux
Qu'on se perdit ensemble.

PIERRE.

Oh! j'atteste les dieux...

MARTHE.

Des serments!

PIERRE.

Ne traitez pas les poètes comme
De vulgaires amants.

MARTHE.

N'êtes-vous pas un homme?

PIERRE.

Un poète est l'oiseau rare. Qui ne voudrait

Le mettre en une cage, afin qu'il fût soustrait
A tous les vents mauvais qui lui tournent la tête?

MARTHE, le montrant du doigt.

Le bel oiseau, vraiment!...

PIERRE.

Et puis c'est un prophète!
Ecoutez. Il se lève après un long repos,
Boit un grand coup de vin, pour se rendre dispos.
Compose quelques vers et caresse sa femme.
Puis, comme l'amour creuse et que la Muse affame,
Il déjeune à midi, très copieusement,
Fait une sieste, afin d'attendre le moment
Du dîner avec calme; alors il se dérange
Pour aller vers la table, et, sans se presser, mange,
Car il est l'ennemi de toute émotion;
Ensuite, il appartient à l'inspiration,
C'est-à-dire qu'il va la trouver toute vive
Dans quelque cabaret, où l'esprit se ravive.

MARTHE.

Oui, vous aimez la table et vous serez dessous
Quand il faudra rentrer!

PIERRE, tournant sur lui-même.

Pour faire un bon époux
Je crois être assez bien bâti?

MARTHE.

Pas trop.

PIERRE.

Gourmande!
Mais ferez-vous, enfin, ce que je vous demande,
Un tour de promenade avec moi?

MARTHE.

Je vous suis;

C'est peut-être imprudent!

PIERRE.

Puisque je vous conduis!

Ils disparaissent par le fond.

RACINE, *sortant de son rêve.*

Despréaux me parlait d'aimer, comme si l'âme
Pouvait trouver toujours un rayon qui l'enflamme.
De former un tel vœu j'ai passé la saison ;
Moi, je ne verrai plus l'amour à l'horizon.

*Il regarde autour de lui en disant ces mots. — Mademoiselle de
Romanet sort de l'hôtellerie.*

SCÈNE VIII

RACINE, MADEMOISELLE DE ROMANET.

RACINE, *à part.*

L'aimable vision !

CATHERINE, *passant à gauche.*

Je cherche ma suivante ;
Excusez-moi, monsieur.

RACINE.

N'ayez point d'épouvante ;
Elle est certainement à quelques pas d'ici,
Et viendra ; n'en prenez, madame, aucun souci.
Asseyez-vous ; je crois que vous pouvez attendre
Dehors, par ce beau temps

Elle s'assied. — Un silence. — A part.

J'ai peine à me défendre
Du touchant intérêt que m'inspire ce deuil ;
Ma tristesse à la sienne offre un discret accueil ;

Haut.

Qui pleurez-vous, madame?

CATHERINE.

          Hélas! je pleure un père,
Et me trouve orpheline à présent... Je n'espère
Plus rien dans cette vie...

RACINE.

          Il faut garder l'espoir
A votre âge, et penser à ceux dont le devoir
Est de vous protéger, vos parents. Soyez sûre
Qu'ils sauront adoucir la cruelle blessure!

CATHERINE.

De toute ma famille, il ne me reste plus
Qu'un cousin, mon tuteur; il est vieux et perclus...
Je dois vivre chez lui... Je m'y rends tout à l'heure.

RACINE.

Ne pourriez-vous avoir d'existence meilleure?
Sans doute, il est des jours bénis où vous rêvez
Autre chose? Je suis importun?...

CATHERINE.

             Poursuivez;
Votre regard est bon, et votre voix est douce.
Je ne sais quel instinct à me parler vous pousse :
Je vous écoute ainsi qu'on écoute un ami.

RACINE.

Est-ce que vous n'avez pas distingué parmi
La foule indifférente et menteuse, un visage
Dont nul événement n'effacera l'image?
Un homme ne doit-il pas prendre votre main,
Pour que vous soyez deux à faire le chemin?
Le chemin semble long, quand on est seul...

CATHERINE.

                Personne

N'a su toucher mon cœur : c'est pourquoi j'abandonne
L'espoir de rencontrer jamais le confident
Aimé dont vous parliez!... Quelquefois, cependant...
Mais mon rêve est trop haut pour que j'y puisse atteindre !

RACINE.

Parlez!...

CATHERINE.

J'en ai trop dit là-dessus...

RACINE.

Pourquoi craindre

De faire cet aveu?

CATHERINE.

Celui que j'aimerais

Ne sait pas que j'existe; il ignore mes traits,
Et j'ignore les siens...

RACINE.

Je respecte ce rêve;

Pourtant je vous conseille, avant qu'il ne s'achève,
D'aller vers l'homme à qui votre cœur s'est donné.
Peut-être que lui-même il erre infortuné,
Comme vous, sans parents et sans amis; peut-être
Qu'il maudit le destin, n'ayant pu vous connaître,
Et que, cherchant l'amour, il ne vous trouve pas.

CATHERINE.

Je le crois très heureux...

Silence.

RACINE.

Le monde a des appas

Pour une jeune fille, et dans toutes les fêtes,
C'est la reine devant qui s'inclinent les têtes.
A votre âge faut-il que vous disiez adieu
Aux plaisirs du monde?

CATHERINE.

Oui: car s'il me reste Dieu,

Qu'importe?

RACINE, à part.

J'ai parlé tout à l'heure comme elle.

Haut.

Lorsqu'arrive le temps de la saison nouvelle,
Dites-moi si, partout, sous le soleil clément,
Ce n'est pas un splendide épanouissement?
Les fleurs, pour protester, demeurent-elles closes?
Les rosiers craignent-ils de se couvrir de roses?

CATHERINE.

Souvent l'arbre est malade et l'arbre est encor vert,
Les yeux ont le printemps quand le cœur a l'hiver.

RACINE.

Je ne croirai jamais, malgré votre langage,
Que vous ayez le cœur plus vieux que le visage ;
Mais si vous voulez fuir les fêtes et le bruit,
Si rien, dans les plaisirs mondains, ne vous séduit,
Est-il un art que vous aimiez?

CATHERINE.

La poésie.

RACINE.

Vraiment!

CATHERINE.

Si par cet art mon âme fut saisie,
C'est qu'il éveille en elle un merveilleux émoi,
Car il exprime seul ce qui se passe en moi.

RACINE.

Lequel préférez-vous de Corneille ou Molière?
L'œuvre de chacun doit vous être familière?

CATHERINE.

Je la connais fort peu.

RACINE.

Vous m'en voyez surpris!
Car de ce qu'ils ont fait il faut savoir le prix;
L'un prête à ses héros un langage sublime,
Le moindre de ses vers devient une maxime;
Les hommes d'autrefois revivent à nos yeux,
Si grands dans leur fierté qu'ils nous semblent des dieux.
L'autre sans pitié raille et flagelle nos vices;
Malgré nos cris, il met à nu nos artifices;
Et nous apparaissons Tartuffes et Dandins,
Alcestes, Harpagons, Diaphoirus, Jourdains,
Gérontes, Trissotins! Tous, il nous livre au rire
Eternellement... Mais ne vous fit-on point lire
Despréaux?

CATHERINE.

Non!

RACINE.

Ce sont les auteurs préférés...
Vous aimez les beaux vers et vous les ignorez?
Pour châtier son temps, Boileau tient la férule;
Il lui suffit d'un vers: un homme est ridicule
Enfin, chose étonnante et rare, — il m'est permis
De le savoir — c'est bien le meilleur des amis!
Racine peut le dire...

CATHERINE.

Ah! parlez!... car sans doute,
Vous aimez ce poète?

Silence.

Eh bien, je vous écoute!...
A quoi pensez-vous donc?

RACINE.

Pardon! Il me paraît
Que son œuvre imparfaite a pour vous quelque attrait?

CATHERINE.

Son œuvre est immortelle; et l'on voit que Racine

Tient l'inspiration d'une source divine.
Vous le voyez peut-être?

RACINE.

Oui!

CATHERINE.

Souvent?

RACINE.

Quelquefois!

CATHERINE.

Et vous avez, monsieur, entendu cette voix,
Qui fit chanter ces vers dont ma mémoire est pleine?

RACINE.

J'ai lieu de m'étonner. Vous connaissez à peine
Corneille, Despréaux, Molière, et votre esprit
Aurait pu retenir ce que Racine écrit?

CATHERINE.

C'est bien simple... Une fois le hasard me fit lire
Quelques pages d'une œuvre où la vertu respire,
Iphigénie : et j'ai senti mes pleurs couler,
Comme si c'était moi qui devais immoler.
Seule au monde, je suis moi-même la victime
D'un destin malheureux... Ah! cette œuvre est sublime!...
Alors j'ai désiré connaître tous les vers
De Racine; j'ai lu: mes yeux se sont ouverts
Mon cœur a tressailli, touché par le génie,
J'aimais comme Hermione, Andromaque, Junie;
Quel rêve! Il me semblait enfin que leurs amants
Imaginaient pour moi tous ces évènements!
Oui, selon ce qu'ils font, ou j'espère, ou je doute;
Quand ils parlent d'amour, c'est moi qui les écoute.

RACINE.

Les femmes ont l'oreille indulgente. Pourtant,
Phèdre vient de subir un échec éclatant!

CATHERINE.

C'est le fait d'ennemis dont la seule visée
Etait de condamner une œuvre à la risée.
— Lorsque cette œuvre est *Phèdre*...

RACINE.

     Eh quoi, ces vers aussi,
Vous les connaissiez?...

CATHERINE.

  Oui !

RACINE, à part.

     Lui dire merci
Me semblerait bien doux !

CATHERINE.

    Dans les derniers messages
J'ai pu lire déjà les principaux passages;
Sans les avoir appris, je les ai retenus.
C'est si beau, les beaux vers !

RACINE.

    Vraiment, ils sont venus
Jusqu'à vous, ces enfants nouveau-nés de Racine?

CATHERINE.

Je leur trouve un attrait singulier qui fascine.
La touchante Aricie exhalant ses douleurs
M'a, pendant tout un jour, fait répandre des pleurs;
Malgré moi, lui vouant une amitié subite,
J'ai maudit Phèdre, j'ai tremblé pour Hippolyte.
Racine est le charmeur étonnant; il traduit
Le rève inconscient que la femme poursuit.
Car nos désirs cachés prennent son rhythme tendre !
Oiseaux, qui fuient toujours dès qu'on les veut surprendre,
Ils chantent dans ses vers et ne s'envolent plus.
Ses vers sont ainsi faits que, pour les avoir lus,
Bien des femmes boiront aux sources immortelles.
Mais peut-être en regrets se consumeront-elles.

Car le poète aura rendu l'amour si beau,
Qu'elles courront après l'amour jusqu'au tombeau!

SCÈNE IX

CATHERINE, RACINE, PIERRE, MARTHE.

Pierre et Marthe arrivent par le fond et descendent à gauche
dans un bosquet.

PIERRE.

Malgré tous mes serments serez-vous intraitable?
Asseyons-nous, l'un près de l'autre, à cette table.
Vous avez, ô cruelle, un air appétissant;
Je voudrais vous manger tout en vous embrassant!

Il veut l'embrasser.

MARTHE.

Peste!... A bas le museau, monsieur!... vous allez vite
En besogne! Attendez que... que je vous invite.

PIERRE.

Je m'invite moi-même et, pour me décider,
Je possède un flacon que je m'en vais vider.
C'est un ami fidèle; il couche dans ma poche...
Goûtez-moi ce vin-là, car il est sans reproche.

MARTHE.

De vos serments trompeurs faites-moi donc crédit!
Ce vin vaut mille fois ce que vous m'avez dit.

PIERRE.

Mais le vin sans l'amour exhale un parfum moindre:
L'un à l'autre, ô beauté sévère, il faut les joindre.

Ils causent à voix basse.

CATHERINE.

Croirais-je que Racine ait cette intention,
De consacrer ses jours à la dévotion?

PIERRE.

Comme on boit sans sujet, on peut aimer sans cause.
En vers, je vais prouver ce que j'avance en prose.
— Un doigt de vin d'abord, pour me faire la voix !
La gaîté la plus claire est celle que je bois.

Récitant.

Les historiens, race savante,
Disent que la terre se vante
D'avoir des rois de droit divin ;
Ils feraient bien mieux de se taire.
Deux rois se partagent la terre :
L'un s'appelle Amour, l'autre Vin !

Qu'on me serve de la piquette
Près d'une fille un peu coquette,
Cela suffit ; car c'est en vain
Que la belle fait la farouche,
Je bois des baisers sur sa bouche,
Et l'amour fait passer le vin.

CATHERINE.

Enseigner le devoir, la vertu, le courage,
Glorifier le beau, n'est-ce point un ouvrage
Assez grand pour que Dieu n'en demande pas plus?

RACINE.

Peut-être ?

PIERRE.

Attention, Marthe, car je conclus.

Récitant.

Une vieille me semble belle
Lorsque le vin est plus vieux qu'elle ;
Je bois en lui faisant ma cour,
Elle devient fraîche et vermeille.

Je prends la taille... à la bouteille,
Et le vin fait passer l'amour.

Etre sage serait folie,
Quand on est comme vous jolie ;
Si cette chanson vous convainc,
Vous deviendrez ma seule ivresse,
Sinon je vous fais la promesse
De noyer l'amour dans le vin.

MARTHE.

Très galant !...

PIERRE.

Je demande un baiser pour salaire.

MARTHE.

Accordé !

Il veut prendre un autre baiser.

Pas plus d'un !

PIERRE.

Les deux feront la paire !

Il lui donne deux baisers.

MARTHE, *se sauvant.*

Adieu. Si mon départ vous cause un grand chagrin...
Je me rends à Paris, près de Saint-Séverin,
Chez monsieur Le Mazier.

Elle va vers l'hôtellerie.

PIERRE.

Je retiens cette adresse,

Il veut lui prendre la taille et la retenir.

Méchante ! Un mot encor !

MARTHE, *qui a aperçu sa maîtresse, se dégage.*

Laissez-moi.

Le temps presse !

Elle entre dans l'hôtellerie. Pierre entre après elle.

CATHERINE, à Racine.

Mais Racine, monsieur, a-t-il jamais cherché
Celle qui près de lui souriante eût marché ?

RACINE.

Dieu, m'avez-vous dit, seul nous guide et nous console.

CATHERINE.

Celui-là qui de Dieu tient la bonne parole,
Doit rester dans le monde afin de la semer.
Il a sa tâche. Il est Racine !...

Un silence.

Il peut aimer !

RACINE.

L'amour veut toute l'âme ! Hélas! la poésie
Absorbe entièrement l'âme qu'elle a choisie.
Souveraine implacable, à son peuple moqueur
Elle fait épier les battements d'un cœur;
Elle prend les chagrins pour leur donner des charmes.
Les meilleurs vers sont faits des plus cruelles larmes.
Le poète ainsi chante et pleure tour à tour;
Sans trêve il marche, ayant à son flanc un vautour.
Il tâche de monter plus haut pour qu'on l'écoute ;
Il voudrait s'arrêter : il a vu, sur la route,
Une maison tranquille où l'on serait si bien !
Mais l'orgueil qui plus loin le pousse est trop ancien,
Il marche : il ne sait point, qu'à chaque instant, il passe
A deux pas du bonheur rêvé; rien ne le lasse.
Il marche jusqu'au jour où, tombant lourdement,
Il trouve dans sa chute un affreux châtiment.
Que ferait une femme au milieu de sa vie ?
— La femme aime la joie. — Aurait-elle l'envie,
Condamnant sa jeunesse à tant d'adversité,

D'unir son cœur tranquille à ce cœur tourmenté?

CATHERINE.

Oui, l'homme, qui se livre en pâture à la foule,
Est comme le galet que la mer use et roule.
Oui, quelquefois sa vie est sombre ; mais pourquoi ?
C'est qu'il n'emporte pas un sourire avec soi ;
C'est qu'il ne cherche pas la compagne fidèle
Qui vit pour le poète et ne vit pas pour elle.
Ces hommes de génie ont des chagrins d'enfant ;
Ils perdent sans raison l'espoir. Qui les défend
Contre eux-mêmes, avec succès, sinon l'épouse,
De leur tranquillité sauvegarde jalouse,
Muse éternellement suspendue à leurs bras,
Amante dont l'amour ne se lassera pas ?
Elle n'ignore point que le front des poètes,
Comme le front des dieux, est chargé de tempêtes,
Elle doit, confondant les deux amours sacrés,
Devenir à la fois pour ces désespérés,
Femme aux jours de triomphe, et mère, aux jours d'épreuve.

RACINE.

Existe-t-il un cœur si parfait qu'il s'émeuve
A l'unisson d'un autre, et que, toujours ouvert,
Il pleure pour des maux dont il n'a pas souffert ?

CATHERINE.

La femme a dans le cœur une pitié si grande !

RACINE.

Supposons que Racine un instant vous entende,
Que votre voix le trouble, et qu'il hésite avant
De franchir pour toujours la porte du couvent...
Peut-être l'aurez-vous bercé d'une chimère !
Celle qui serait femme en même temps que mère,
Où la trouver ?

CATHERINE.

Partout, car elle n'est pas loin.

Il n'aurait qu'à parler, mais il ne la voit point :
Il me semble que moi je serais cette femme.

RACINE, avec emportement.

Vous ! Se pourrait-il ! Vous ignorez, madame...

CATHERINE.

Eh bien ?

RACINE, avec gêne.

Je suis l'ami de Racine et l'aveu
Que vous venez de faire ici me touche un peu.

A part.

Non, je n'ai pas le droit de me faire connaître.
Racine est-il pour elle autre chose qu'un être
Qui, créé par son cœur, ne me ressemble pas ?

CATHERINE.

Racine vous est cher, monsieur ; votre embarras
Me prouve l'amitié profonde qui vous lie.
Sachez alors quel est mon rêve... ma folie :
Je ne pourrais aimer qu'un homme comme lui.

RACINE, à part.

Un rayon d'espérance à mon regard a lui !

Haut.

Il faut que vous sachiez...

CATHERINE.

J'imagine que Marthe
Est maintenant rentrée. Il est temps que je parte.
Adieu, monsieur !

SCÈNE X

LES MÊMES, DESPRÉAUX

DESPRÉAUX, au fond, voyant Racine auprès de mademoiselle de Romanet. — A part.

J'arrive au moment opportun !

RACINE, retenant Catherine.

Un seul mot ! Laissez-moi vous dire quel parfum
J'emporte en vous quittant. Sachez que l'on respire
Du bonheur près de vous, rien qu'à vous voir sourire.

DESPRÉAUX, à part.

Dans un instant, il va tomber à ses genoux.

RACINE.

Quand je verrai Racine, il me sera bien doux
De lui conter par quel mystère, une inconnue
De sa *Phèdre* écoulée, un jour, s'est souvenue.
Peut-être oubliera-t-il qu'il eut des envieux,
Songeant à celle-là qui le suivait des yeux !

CATHERINE.

Merci pour moi !

RACINE.

Merci pour lui !

Catherine se dirige vers l'hôtellerie.

DESPRÉAUX, à part.

N'est-ce pas celle
Sur qui doit s'appuyer Racine qui chancelle ?

SCÈNE XI

RACINE, DESPRÉAUX.

DESPRÉAUX, ironiquement.

J'ai surpris vos transports et vu que le couvent
Absorbait les pensers de votre esprit fervent ;
Vous ne connaissez plus les biens de cette terre,
Et déjà vous avez une apparence austère !

RACINE.

Ah ! Boileau !

DESPRÉAUX.

Suffit-il qu'une femme ait passé
Pour qu'un projet pieux soit déjà renversé ?

RACINE.

Ne raillez pas. La chose est pour moi si nouvelle !

DESPRÉAUX.

Mais son nom ?

RACINE.

Je l'ignore et je ne sais rien d'elle,
Sinon qu'elle est un ange envoyé sur mes pas.
Car elle aime Racine et ne me connaît pas !

DESPRÉAUX.

Que dites-vous ?

RACINE.

Je dis que cette jeune fille
Me semble une clarté qui sur ma route brille !
Pendant qu'elle était là, pendant qu'elle parlait,
La tristesse, mauvais fantôme, s'en allait.

DESPRÉAUX.

Vous me rendez heureux. Faut-il que je vous croie ?

RACINE.

Au lieu de me nommer j'ai goûté cette joie
D'entendre des aveux qu'elle ne m'eût point faits.
Si, des plus grands chagrins, j'ai supporté le faix,
Il m'était bien permis de manquer de courage
Et de prêter l'oreille à ce charmant langage,
Que chaque femme invente, alors qu'elle aime un peu !

DESPRÉAUX.

Vous vous aimiez sans vous connaître. C'est un jeu
Qui doit avoir un bon dénouement... Je me charge...

RACINE.

Non, du cloître à l'amour l'abîme est bien trop large.
Je dois rester pour elle un poète qu'on voit

Avec l'illusion que la distance accroît ;
Elle me trouvera jeune et toujours le même,
Lorsqu'un de mes héros lui dira : « Je vous aime ! »
Pour moi, dans la retraite où je vais me cacher,
Son image viendra sur mon front se pencher ;
Elle est le souvenir dont on prend les empreintes,
Et que l'on peut placer près des reliques saintes.

DESPRÉAUX.

Mais mon bonheur qui s'offre est mieux qu'un souvenir :
A moins d'être imprudent, il faut le retenir.

SCÈNE XII

Les Mêmes, PIERRE.

PIERRE, descendant, à Despréaux.

C'est l'heure du départ, aussi je vous supplie
De me dire s'il est bon que je les publie ?

DESPRÉAUX.

Eh ! quoi donc publier ?

PIERRE.

Parbleu ! mes vers, messieurs !

DESPRÉAUX.

Le bélitre !

PIERRE, qui avait fait quelques pas pour se retirer, descendant.

Pardon, vous êtes soucieux.
Si je puis vous servir, je suis vôtre.

DESPRÉAUX, il veut l'éloigner, puis il se ravise.

Peut-être !

PIERRE.

Veuillez donc disposer de moi.

DESPRÉAUX.

Tu dois connaître
Ces personnes qui vont à Paris?

PIERRE.

Ah! fort bien!

DESPRÉAUX.

Parle.

PIERRE.

A vous dire vrai, d'elles je ne sais rien.

DESPRÉAUX.

Rien du tout?

PIERRE.

Si; je sais que Marthe est la suivante :
Que l'appétit vous vient à la voir, je m'en vante,
Et qu'elle n'est pas femme à vous rassasier...
Elles vont toutes deux chez monsieur Le Mazier
Proche Saint-Séverin.

DESPRÉAUX, à Racine.

Le Mazier! La pupille
Qu'il nous disait attendre était... Il est facile
De voir que c'est bien elle.

RACINE.

En effet!... Romanet
Est son nom. Son tuteur, hier nous l'apprenait.
Que m'importe d'ailleurs cela?

DESPRÉAUX.

Je vous demande
De ne pas oublier qu'une amitié très grande
Vous lie à Le Mazier.

Pierre, qui a été au fond de la scène, revient.

PIERRE, à Racine.

Monsieur, je vous préviens
Qu'on partira dans un quart d'heure pour Amiens.

Mademoiselle de Romanet et Marthe sortent de l'hôtellerie.

SCÈNE XIII

LES MÊMES, CATHERINE, MARTHE, VOYAGEURS, VOYAGEUSES, descendant de l'hôtellerie.

CATHERINE, à part.

Il est encore ici ?

PIERRE, à Catherine.

Madame, la voiture
Est prête pour Paris.

La diligence apparaît au fond : Pierre cause à part avec Marthe.

RACINE, à part.

Ah ! l'affreuse torture !
Faut-il souffrir, mon Dieu ! qu'elle s'en aille ainsi,
Fuyant de l'horizon qu'elle avait éclairci !

Saluant Catherine.

Adieu, madame !

Il se dirige vers l'hôtellerie.

DESPRÉAUX, à part.

Comme il l'aime !

Haut.

Pas si vite !
Madame, à l'écouter, mon ami vous invite...

CATHERINE.

Mais que prétendez-vous ?

DESPRÉAUX.

Avant votre départ,
D'une bonne nouvelle il doit vous faire part :
Racine sait vos vœux, et sa joie en est vive,
Car il vous aime...

CATHERINE.

Vous dites ?...

RACINE, à Despréaux.

                    Rien ne motive
Un discours de la sorte!

          CATHERINE, à Racine.

               Eh quoi! vous protestez,
Monsieur! Je vois qu'ici, tous deux vous plaisantez.
C'est mal! Le cœur n'est pas chose dont on se joue!

          DESPRÉAUX, à Racine.

Racine, elle pleure!

          CATHERINE, avec surprise.

     Ah! Racine!

          RACINE, éclatant.

                    Je l'avoue,
Je vous aime, madame, et mon rôle était feint.
Le masque que j'ai pris m'étouffait à la fin!

          CATHERINE.

Racine! quoi vraiment! et dans ma confiance
J'ai livré...

          DESPRÉAUX.

          Vous aurez pour lui de l'indulgence.
Celui qui voit aux jours de doute, s'approcher
Le bon génie, aurait tort de l'effaroucher,
Oui, s'il eût dit son nom, sauriez-vous l'un et l'autre
Que vous vous aimez? Ah! quel bonheur est le vôtre?

          RACINE, à Catherine.

Me pardonnerez-vous?

          CATHERINE, lui donnant la main qu'il baise.

          Qui sait?

          DESPRÉAUX, à Catherine.

                    Vous nous rendez
Racine!

PIERRE, quittant Marthe.

Alors que tous ici, vous bavardez,

A Catherine.

Le temps passe, madame, et voici la voiture
De Paris; par la nuit la route n'est pas sûre.

A Racine, qui veut suivre Catherine.

Pour Amiens, pas encor !

RACINE.

Nous allons à Paris.

PIEPRE.

Vous à Paris! J'ai bu, mais je ne suis pas gris,
Et je perçois très bien les choses qu'on peut dire.
Paris au lieu d'Amiens ! vous avez voulu rire.

Geste de dénégation de Racine.

Dans ce cas, je demande à vous suivre ; un valet
Qui sait être poète est un homme complet.
Il mêle habilement le pratique au sublime,
Il vous verse du vin et vous souffle une rime.
Ah! mettez à l'essai des talents si divers,
Et vous apprécirez mon service et mes vers.

DESPRÉAUX.

C'est dit ; nous t'emmenons.

PIERRE.

Je rends grâce à la Muse.

DESPRÉAUX.

Dans un jour de bonheur est-il rien qu'on refuse?

A Catherine.

Racine voulait fuir, mais vous avez passé,
Madame, et le mauvais songe s'est effacé.
Moi, j'avais épuisé les conseils ; votre charme,
Pour vaincre sa tristesse, était la meilleure arme :
Maintenant qu'avec vous, il le peut partager,
Racine trouvera le fardeau plus léger ;

Il ira vers son but, marchant sans lassitude.
Souvent la tache est lourde et le travail est rude :
Mais heureux celui-là qui, malgré le tombeau,
De sa main périssable éternise le beau !

PIERRE.

Donc l'on prend pour maris des poètes, ô Marthe;
Conte-moi ton amour avant que l'on ne parte !

MARTHE.

Dans un pareil aveu, je ne vois qu'un défaut :
C'est qu'un rêveur n'est pas du tout l'homme qu'il faut !

PIERRE.

Pourtant j'en sais à qui l'on fait meilleure mine...

Montrant Catherine.

Voyez votre maîtresse; elle épouse Racine.

Rideau.

FIN

IMPRIMERIE GÉNÉRALE DE CHATILLON-SUR-SEINE. — J ROBERT,